Conserver la Const.⸺
Donné par M. Germain à la Bibliothèque Nationale

LES HABITANTS DE FRONTIGNAN

ET DE LA VALLÉE DE MONTFERRAND

AUX ÉTATS DE LANGUEDOC.

Extrait des Mémoires de la Société archéologique de Montpellier.

STATUT

DÉTERMINANT POUR LES PRINCIPALES LOCALITÉS

DU DIOCÈSE DE MAGUELONE

LE TOUR DE REPRÉSENTATION AUX ÉTATS DE LANGUEDOC

1458-1459

PUBLIÉ AVEC UNE INTRODUCTION EXPLICATIVE

PAR

A. GERMAIN

MEMBRE DE L'INSTITUT

DOYEN DE LA FACULTÉ DES LETTRES DE MONTPELLIER.

MONTPELLIER

J. MARTEL AÎNÉ, IMPRIMEUR DE LA SOCIÉTÉ ARCHÉOLOGIQUE

RUE DE LA BLANQUERIE 3, PRÈS DE LA PRÉFECTURE.

1877

STATUT ACCORDANT AUX HABITANTS DE FRONTIGNAN

ET A CEUX DE LA VALLÉE DE MONTFERRAND

LE DROIT DE SIÉGER AUX ÉTATS DE LANGUEDOC PAR TOUR DE REPRÉSENTATION.

Le document que je me propose de mettre ici en lumière provient des archives municipales de Frontignan, où je l'ai copié sur l'original. Mais il pourrait se faire que ce parchemin fût exposé à disparaître, par l'effet d'un hasard quelconque. Combien de pertes de ce genre l'histoire n'a-t-elle pas eu à subir dans ces derniers temps, soit par suite d'incendie, soit par le besoin de se procurer patriotiquement des cartouches, soit même par le caprice de certaines ménagères, plus désireuses de couvrir des pots de confitures ou des bocaux de fruits, que de conserver à la science archéologique ses richesses !

C'est donc rendre service, que de préserver d'une irrémédiable disparition, sinon les parchemins historiques de nos communes de l'Hérault, sur lesquels nous n'avons pas d'action immédiate, au moins leur contenu. C'est pour cela qu'existent les sociétés archéologiques. Monuments utiles à l'histoire, de n'importe quel ordre, vieux parchemins ou vieilles inscriptions, débris antiques de toute nature, rentrent dans le domaine de l'archéologie : et nous sommes tout-à-fait dans notre rôle en relevant ces vestiges des annales de l'humanité. On aurait droit de nous reprocher de nous montrer à cet égard moins vigilants.

Le document sur lequel je viens appeler l'attention n'intéresse pas seulement la ville de Frontignan, qui l'a conservé en original, mais la province de Languedoc, et en particulier l'ancien diocèse de Maguelone.

Il était d'usage, dans nos États provinciaux, que les trois ordres du clergé, de la noblesse et de la bourgeoisie y fussent représentés : le clergé par les vingt-deux archevêques ou évêques que renfermait le Languedoc, antérieurement à la création de l'évêché d'Alais en 1694 ; la noblesse, par vingt-deux barons; la bourgeoisie, par les députés des villes épiscopales et de certaines autres localités de moindre importance, alternant entre elles pour envoyer, chacune à son tour, des mandataires.

Il n'y avait nulle difficulté, quant à la représentation des deux premiers ordres. L'archevêque-primat de Narbonne était président-né des États : l'archevêque de Toulouse le remplaçait, en cas d'absence ; comme aussi plus tard l'archevêque d'Albi remplaça ce dernier, lorsque l'évêché d'Albi eut été érigé en archevêché. Après eux siégeaient les simples évêques, selon le rang d'ancienneté résultant de leur sacre, avec pouvoir aux uns et aux autres de se faire suppléer par leurs vicaires-généraux. — Pareille faculté de remplacement était dévolue aux représentants de la noblesse. — Mais les députés de la bourgeoisie ne jouissaient pas du même privilége. Il leur fallait assister en personne, ou céder à d'autres leur droit de siéger. Les cinq premières places parmi ce troisième corps appartenaient aux députés des villes de Toulouse, de Montpellier, de Carcassonne, de Nîmes et de Narbonne. Mais une égale fixité était loin d'exister pour les localités moins importantes ; parfois s'élevaient entre elles de fâcheux conflits.

Il y en eut un, notamment, au milieu du xve siècle. Les habitants de Frontignan et des villages de la vallée de Montferrand se sentirent lésés d'avoir été omis dans la répartition des présences de la bourgeoisie du diocèse de Maguelone aux États de Languedoc, et en demandèrent réparation. La rivalité s'aggrava tellement, que force fut, pour obvier à de plus grands troubles, de revenir sur ce qui avait été établi, et de modifier, dans le sens de leurs réclamations, le droit d'assistance aux États de Languedoc, en leur assignant un tour régulier de représentation particulière.

C'est à ce fait spécial que se rapporte la charte des archives de Frontignan que je restitue à l'histoire. On ne saurait trop multiplier aujourd'hui ces exhumations de documents, les annales de nos principaux centres agricoles du Midi étant encore si peu connues.

La charte dont il s'agit est du 9 mars 1458 (1459), et conséquemment de la fin du règne de Charles VII.

Le Languedoc, qui avait tant contribué à l'expulsion des Anglais, était alors plus que jamais fier de ses libertés, et personne ne s'y souciait d'en rien sacrifier. Chaque diocèse tenait à honneur de travailler à leur maintien, et chaque localité, tant soit peu marquante, avait à cœur de jouer sa partie dans le concert général. Le diocèse de Maguelone crut devoir s'associer à cette commune revendication; et de là sortit le pacte de mutuel accord que nous a conservé le parchemin des archives de Frontignan.

Afin d'éteindre, — y est-il stipulé, — toute cause de compétition dans le diocèse de Maguelone, au sujet du droit d'assistance aux États de Languedoc, réclamé par les habitants de Frontignan et de la vallée de Montferrand, l'assemblée diocésaine réunie pour asseoir la taille en dernier lieu octroyée au roi par les États provinciaux, a résolu, en obéissant à l'initiative prise par Jean Herbert, correcteur à la Chambre royale des Comptes, et général sur le fait des finances du Languedoc, ainsi que par l'official de Maguelone Jacques Vivère, de modifier comme il suit la pratique adoptée relativement à la périodicité du tour de représentation. Étaient présents à la délibération Jean Amyde syndic, et Pierre de Selies député de Lunel, Matthieu de Noria, consul de Frontignan, Philippe Essard, consul de Ganges, maître Guillaume Javoud, mandataire de Poussan, Jacques Garin, consul de Melgueil, Pierre Guirard, syndic de la vallée de Montferrand, Guillaume de Ville-Properce, et Bernard Dapchier, délegué d'Aniane. Voici le statut qu'ils ont entre eux formulé, pour clore tout débat.

Le tour d'assistance aux États provinciaux de Languedoc, en quelque endroit que se tienne l'assemblée, est ainsi réglé désormais, quant au contingent de représentation des villes et des autres localités du diocèse de Maguelone : la première fois, un habitant de Frontignan et un habitant de Ganges; la seconde fois, un habitant de Lunel et un habitant de Melgueil ; la troisième fois, un habitant de Frontignan et un habitant de Poussan ; la quatrième fois, un habitant de Lunel et un habitant de la vallée de Montferrand ; en cinquième lieu, un habitant de Frontignan et un habitant d'Aniane; en sixième lieu, un habitant de Lunel et un habitant de Ganges ; en septième lieu, un habitant de Frontignan et un habitant de Melgueil ; au huitième tour, un habitant de Lunel et un habitant de Poussan ; au neuvième tour, un habitant de Frontignan et un habitant de la vallée de Montferrand ; au dixième tour, un habitant de Lunel et un habitant d'Aniane. Après quoi, on recommencera toujours dans cet ordre, sans pouvoir s'en écarter sous aucun prétexte.

Ainsi fut-il arrêté, dans l'intérêt du bien public, le 9 mars 1458 (1459). Le général des finances Jean Herbert surveilla la rédaction notariée du nouveau statut, dont le libellé fut expédié devant les témoins d'usage, et dont les dispositions durent faire loi à l'avenir.

Voilà comment, dès le milieu du xv° siècle, nos localités rurales se montraient jalouses de leur droit de représentation aux assemblées de la province. Qu'on laisse grandir cette idée ; elle nous conduira à la délégation d'un mandataire pour chaque canton, au sein de nos conseils généraux de département.

Le département n'était pas encore connu en 1458. Mais il avait alors son équivalent dans le diocèse ; division que dominait l'ensemble de la juridiction provinciale. L'envoi à l'assemblée de la province d'un député par chacun de nos cantons actuels eût trop multiplié le nombre des représentants. On ne tenait compte, au xv° siècle, que des principaux centres de population ; et c'était entre eux que se passait la rivalité pour l'admission aux États de Languedoc.

Cette rivalité s'explique, du reste. Les États de Languedoc n'apparaissaient-ils pas omnipotents pour les questions financières concernant la province? L'action du pouvoir monarchique ne les avait pas encore maîtrisés : ils étaient les vrais maîtres. Charles VII le savait bien, puisqu'il leur devait en partie la récupération de son royaume. Aussi n'osait-il résister à leurs volontés, quand il leur plaisait de lui faire la part, à propos de ses demandes financières.

Ils s'assemblaient, dès cette époque, le plus ordinairement à Montpellier : ce qui les donnait comme en spectacle à nos populations, et entretenait d'autant plus vivement parmi elles la noble ardeur de s'y voir représentées. Montpellier, en dernier lieu, comptoir de Jacques Cœur, et bientôt siége d'une Cour des Aides, occupait entre les vingt-deux diocèses de la province de Languedoc une place financière déjà hors ligne.

Les habitants de Frontignan, ville maritime alors plus importante qu'elle ne l'est restée depuis le déplacement du commerce, par suite de l'ouverture du port de Cette, et ceux de la vallée de Montferrand, mis en goût par les franchises dont les avaient successivement gratifiés les évêques de Maguelone Bérenger de Fredol, Pierre de Lévis, Jean de Comminges et Pictavin de Montesquiou, ne pouvaient manquer de revendiquer pour eux-mêmes des priviléges dont jouissaient leurs voisins. Notre document prouve qu'ils eurent gain de cause, et ajoute quelques détails à ce que l'on savait concernant l'histoire des États de Languedoc au xve siècle.

Il importait donc de le conserver à notre histoire du Midi. Tel est le but de la publication que je crois devoir en offrir au monde savant. Mon texte reproduit exactement celui du parchemin original des archives de Frontignan.

A. GERMAIN.

TRANSACTION ENTRE LES REPRÉSENTANTS DES PRINCIPALES LOCALITÉS DU DIOCÈSE DE MAGUELONE, TOUCHANT L'ASSISTANCE AUX ÉTATS DE LA PROVINCE DE LANGUEDOC.

(9 mars 1458-59)

In nomine Domini nostri Jhesu Christi, amen. Anno Incarnacionis ejusdem millesimo quadringentesimo quinquagesimo octavo, et die nona mensis marcii, strenuissimo principe domino nostro domino Karolo, Dei gracia rege Francorum, regnante. Noverint universi et singuli, presentes pariterque futuri, quod, cum dudum certa fuerit facta transhactio per et inter certos habitatores principalium locorum diocesis Magalonensis, de et super quibusdam debatis, questionibus et controversiis, inter ipsos, temporibus retrohactis, motis et suscitatis, ad causam turni, per quosdam de diocesi facti, pro veniendo et interessendo in congregacionibus trium statuum, dum et quando teneri contingerit, prout de dicta transhactione constare dicitur quodam publico instrumento, in notam sumpto et recepto per magistrum Petrum Aillaudi, notarium Montispessulani, sub anno et die in eodem contentis, in qua quidem transhactione nulli ex habitatoribus Frontiniani neque Vallis Montisferrandi fuerunt vocati, minusque in eadem consencierunt, ob quod eidem minime obtemperare curarunt neque curant, et dietim questio et controversia inter ipsos diocesanos oritur et suscitatur; volentes et affectantes pacem et concordiam inter eosdem diocesanos inire, tractantibus et intervenientibus venerabilibus et scientissimis viris dominis Johanne Herberti, correctore in Camera compotorum domini nostri Francorum regis, ac generali super facto financiarum in partibus Occitanis deputato, et Jacobo Vivere, in utroque jure licenciato, officiali Magalone, inter ipsos diocesanos, videlicet providos viros Johannem Amyde sindicum et Petrum de Selies missum pro villa de Lunello, Matheum de Noria, consulem de Frontiniano, Philipum Essardi, consulem de Agantico, magistrum Guillelmum Javoudi, missum pro loco de Porsano, Jacobum Garini, consulem de Melgorio, Petrum Guirardi, sindicum vallis Montisferrandi, Guillelmum de Villa Propercii, et Bernardum Dapcherii, missum pro villa Aniane, congregatos in loco infrascripto, pro assetiari quote partis et portionis diocesim Magalone tangentis de tallia regia ultimate per gentes trium statuum presentis patrie lingue Occitane in presenti villa Montispessulani concessa, fuit transhactum, conventum et accordatum de debatis et controversiis predictis, tractantibus et intervenientibus dictis dominis generali et officiali, in modum qui sequitur infrascriptum :

Et primo transhegerunt et pepigerunt, convenerunt et accordaverunt partes ipse, quod a cetero in quibuscunque congregacionibus trium statuum ab inde in anthea in presenti patria et alibi mandato regio vel alias tenendis, dicti diocesani accedent et accedere debebunt et tenebuntur per turnum ut sequitur : primo videlicet in prima congregacione trium statuum tenenda, ubique teneatur, pro dicta diocesi accedent et accedere debebunt duo, videlicet unum de Frontiniano, et alium de Agantico. Item, in secunda congregacione trium statuum tenenda, ubique teneatur, accedent et accedere tenebuntur duo pro diocesi, videlicet unum de Lunello, et reliquum de Melgorio. Item, in tercia congregacione trium statuum tenenda intererunt et accedent, ac interesse et accedere tenebuntur, pro dicta diocesi duo, videlicet unum de Frontiniano, et alium de Porsano. Item, in quarta congregacione trium statuum tenenda intererunt et accedent, ac interesse et accedere tenebuntur et debebunt, pro dicta diocesi duo, videlicet unum de Lunello, et reliquum de Valle Montisferrandi. Item, in quinta congregacione trium statuum tenenda, ubique teneatur, accedent et interesse debebunt duo pro dicta diocesi, videlicet unum de Frontiniano, et reliquum de Aniana. Item, in sexta congregacione dictorum trium statuum tenenda, in quocunque loco teneatur, accedent et accedere debebunt pro dicta diocesi duo, videlicet unum de Lunello, et reliquum de Agantico. Item, in septima congregacione trium statuum, in quocunque loco teneatur, accedent et accedere debebunt pro dicta diocesi duo, videlicet unum de Frontiniano, et alium de Melgorio. Item, in octava congregacione dictorum trium statuum, ubicunque teneatur, pro dicta diocesi inde tenenda, accedent duo, videlicet unum de Lunello, et reliquum de Porsano. Item, in nona congregacione trium statuum tenenda accedent, ut supradictum est, pro diocesi predicta duo, videlicet unum de Frontiniano, et alium de Valle Montisferrandi. Item, in decima congregacione dictorum trium statuum fienda, in quocunque loco teneatur, accedent duo, videlicet unum de Lunello, et alium de Aniana.

Item, transhegerunt, pepigerunt, convenerunt et accordaverunt partes ipse, quod, completo dicto turno, iterum per ordinem ut premittitur ordo observetur, dato quod aliquis locorum predictorum haberet mandatum expressum, et non obstante dicto mandato accedent et accedere debebunt per turnum, ut supra dictum est.

Item, transhegerunt, pepigerunt, convenerunt et accordaverunt partes predicte quod quilibet ipsorum.... omnia predicta, tosciens quosciens requirentur, ratifficari et emologari facient.

Item, transhegerunt, pepigerunt, convenerunt et accordaverunt partes ipse, quod a cetero inter ipsos sit pax et finis perpetuus, et quod occasione premissorum a cetero lis seu controversia non oriatur seu suscitetur, oririque seu suscitari minime valeat in futurum.

Quam quidem transhactionem, convencionem et accordum, ac omnia universa et singula superius descripta, dicti diocesani superius nominati ibidem presentes ad invicem mutua stipulacione incontinenti laudaverunt, approbaverunt, emologaverunt, ratifficaverunt et confirmaverunt, et contra predicta vel aliqua predictorum minime venire promiserunt,... pro quibus omnibus universis et singulis predictis sic tenendis, attendendis, servandis et complendis, et pro omni et integra restitutione omnium et singulorum dampnorum, gravaminum, interesse et expensarum,.... obligaverunt dicte partes, una erga aliam, omnia et singula bona sua et cujuslibet ipsarum, mobilia et immobilia, presentia et futura, sub viribus, cohercione et districtu curiarum parvi sigilli regii Montispessulani, ordinarieque regie domini bajuli dicte ville Montispessulani, et statuti novi ejusdem curie incipientis Si Christiani, etc., curieque domini officialis Magalone, et aliarum quarumcunque curiarum ecclesiasticarum et secularium ad hoc requisitarum....... Predicta autem omnia universa et singula sic tenere, attendere, servare, complere, et in nullo contrafacere, dicere vel venire promiserunt dicte partes et earum quelibet; et ita juraverunt ad et super sancta quatuor Dei Evangelia, ab ipsis partibus et earum qualibet corporaliter gratis tacta.....

Acta fuerunt hec omnia predicta in Montepessulano, et in domo habitacionis dicti domini generalis, videlicet in quadam camera ejusdem, in presencia et testimonio discretorum et providorum virorum Rogerii Boyleau, granaterii grancrii salis in loco de Lunello ordinati, Raymundi Bilhoti canabasserii, Johannis Babejan, scutifferi dominorum consulum Montispessulani, Petri Pagesii, cultoris loci de Monteferrario, testium ad premissa adhibitorum, et mei Johannis Alegrandi, clerici, publici auctoritate regia notarii, habitatoris Montispessulani, qui de premissis omnibus notam recepi requisitus.

(*Archives municipales de Frontignan, parchemin original.*)

www.ingramcontent.com/pod-product-compliance
Lightning Source LLC
Chambersburg PA
CBHW071415060426
42450CB00009BA/1901